AF258119

VŒUX

EXPRIMÉS PAR LES

COMITÉS CATHOLIQUES

DU NORD ET DU PAS-DE-CALAIS

DANS LEUR ASSEMBLÉE GÉNÉRALE

Tenue à Lille le 26 Octobre 1873

LILLE

IMPRIMERIE LEFEBVRE-DUCROCQ

Rue Esquermoise, 57

1874

V Œ U X

exprimés par les Comités catholiques du Nord et du Pas-de-Calais, dans leur assemblée générale tenue à Lille, le 26 Octobre 1873.

ŒUVRES DE PRIÈRES

Adoration nocturne. — L'assemblée exhorte vivement tous les membres des Comités catholiques qui habitent les villes importantes des deux diocèses à se faire inscrire dans les confréries paroissiales du Très-Saint-Sacrement, à chercher à raviver celles qui sont languissantes et à y puiser les éléments nécessaires à la constitution de l'adoration nocturne. Tout membre des Comités catholiques et en général tout chrétien fervent qui habite une commune rurale est instamment prié de grouper autour de lui un certain nombre d'hommes qui consentent à veiller devant le Très-Saint-Sacrement, pendant la nuit qui précède l'adoration paroissiale.

L'assemblée recommande aussi *l'union de prières* par la communion réparatrice et la *prière* récitée en *commun* dans les familles.

Pèlerinages. — L'assemblée émet les vœux suivants :

1º Qu'avec la haute approbation de NN. SS. les Evêques de Cambrai et d'Arras, il soit provoqué, chaque année, un pèlerinage commun aux deux diocèses vers l'un des sanctuaires nationaux de France, et un pèlerinage régional également commun aux pèlerins des deux diocèses vers l'un des sanctuaires de notre province ecclésiastique, de manière que ce sanctuaire désigné à l'avance soit choisi alternativement dans les deux diocèses. Le choix du sanctuaire résultera de l'entente des commissions de pèlerinages et sera subordonné à l'approbation des deux Évêques.

2º Que les pèlerins évitent avec soin, dans les gares et le trajet, toute altercation avec les employés ; qu'ils sachent attendre avec patience et, autant que possible, éviter tout tumulte.

3º Que, sauf raison de santé, ils choisissent de préférence les wagons de 3me classe, afin qu'entre tous les pèlerins s'établisse cette harmonie chrétienne qui doit régner entre personnes animées d'un même esprit et poursuivant le même but.

4º Que, dans tout Comité catholique, il soit formé une commission spéciale des pèlerinages et que les membres de cette commission se pénètrent du réglement si complet publié par le comité central des pèlerinages.

5º Que cette commission fasse l'acquisition d'une bannière de pèlerinage qui devienne à la fois pour les pèlerins un point de ralliement et un étendard vénéré et aimé.

6º Que les commissions prennent toutes leurs mesures de publicité six semaines avant l'époque indiquée pour les pèlerinages, et que, d'autre part, les adhésions des pèlerins soient envoyées aux Comités assez longtemps d'avance pour que ceux-ci, n'étant pas pris au dépourvu, puissent conclure avec les administrations des chemins de fer les conditions du voyage.

7º Que les comités des pèlerinages fassent en sorte d'obtenir des compagnies de chemins de fer que les trajets se fassent dans les mêmes voitures, lorsque le parcours des pèlerinages nécessite l'emploi de diverses lignes de chemins de fer. Il serait à souhaiter, par exemple, que les trains spéciaux se rendant du nord de la France à Lourdes, pussent faire ce trajet directement; on éviterait ainsi une très-sérieuse occasion de désordre.

8º Qu'avant le départ d'un train spécial, les directeurs du pèlerinage aient le soin de numéroter les wagons et que la carte de chaque pèlerin porte un numéro pareil à celui du wagon où il devra prendre place.

9º Que les directeurs aient aussi le soin d'envoyer d'avance sur le lieu du pèlerinage deux commissaires pour se rendre compte des ressources matérielles qu'offre le pays, connaître l'ordre des cérémonies et fixer la place qu'occuperont les pèlerinages dont ils sont les délégués.

10º Que les directeurs des pèlerinages régionaux et nationaux aient soin de faire imprimer, quelques jours à l'avance, une petite notice qui contiendra les recommandations générales que les pèlerins doivent observer dans l'intérêt du bon ordre et de l'édification, les prières à faire simultanément, soit dans les wagons soit dans les trajets à pied, l'ordre des cérémonies lorsqu'on sera arrivé au lieu des pèlerinages, un ou deux cantiques appropriés à la circonstance et enfin, autant que faire se pourra, une courte indication sur le but et l'origine du pèlerinage auquel on se rend. Ces feuilles seront imprimées en assez grand nombre pour que chaque pèlerin puisse en recevoir un exemplaire gratuitement ou du moins à prix très réduit.

11º Les directeurs des pèlerinages auront soin de choisir d'avance un certain nombre de commissaires qui veilleront au bon ordre et à la régularité et seront constamment aux ordres des directeurs.

En résumé les directeurs de pèlerinages s'imposeront un esprit de prévoyance et de dévouement sans bornes et les pèlerins se rediront sans cesse qu'ils accomplissent non une partie de plaisir, mais une œuvre de pénitence et de mortification.

ŒUVRES MILITAIRES ET ŒUVRES OUVRIÈRES

Cercles d'ouvriers. — L'assemblée reconnaît que l'œuvre des cercles catholiques d'ouvriers, dont le Comité central a son bureau à Paris, quai Voltaire, 17, répond à d'impérieuses nécessités sociales. Elle considère la formation de tels cercles, dans tous les centres ouvriers, comme un |des meilleurs résultats à obtenir de la réunion actuelle. Ces cercles seraient patronés et vivifiés par les Comités catholiques du Nord et du Pas-de-Calais, dont quelques membres, dans chaque localité, se constituant eux-mêmes en comité du cercle catholique d'ouvriers de la localité, se mettraient immédiatement en rapport avec le Comité de l'œuvre de Paris.

Associations de patrons chrétiens. — L'assemblée désire qu'il soit établi des associations de patrons chrétiens pour améliorer la situation morale et matérielle des ouvriers.

Conférences. — L'assemblée émet le vœu, 1° que, dans toutes les villes manufacturières et dans tous les centres ouvriers, il soit fait des conférences religieuses spéciales pour les ouvriers. 2° Que, dans toutes les villes où les Comités catholiques le jugeront nécessaire, il soit fait aussi aux ouvriers des conférences par des laïques.

Enfants trouvés. — L'assemblée est d'avis qu'il y a lieu d'attirer l'attention des Comités catholiques du Nord et du Pas-de-Calais sur les vœux relatifs aux enfants trouvés, vœux formulés et adoptés dans la dernière assemblée générale des Comités catholiques de France, à Paris.

Ces vœux se résument ainsi : formation de comités de patronage locaux, à titre purement officieux, ayant pour but d'éclairer les tuteurs légaux des enfants trouvés sur la situation de ces enfants dans leurs placements, de suppléer ainsi par une surveillance journalière à l'éloignement forcé de l'inspecteur départemental et de garantir par ce moyen ces enfants, privés de famille, de toute exploitation de la part d'hommes assez inhumains pour abuser, comme cela a lieu trop souvent, de leur faiblesse et de leur isolement.

Travail de nuit dans les usines. — L'assemblée émet le vœu que, dans toutes les usines qui ne sont pas à feu continu, le travail de nuit soit interdit dans l'intérêt de la santé et de la moralité publiques.

Œuvres militaires. — L'assemblée, sur la proposition de la deuxième commission, émet le vœu : 1° Que les Comités catholiques provoquent par le pétitionnement l'amendement de l'article 5 du projet de loi dont l'Assemblée nationale, dans sa séance du 19 juillet 1873, a décidé qu'il serait procédé à une deuxième lecture. Cet article serait amendé eu ce sens que les revues seraient interdites le dimanche au-delà de huit heures du matin et que tous lés soldats, à l'exception des hommes de service (garde, piquets, cuisine, semaine), seraient libres à partir de cette heure.

2° Que par les soins des Comités catholiques il soit formé, dans les villes de garnison, un fonds spécial à l'aumônerie destiné à venir en aide à l'aumônier pour l'exercice de son ministère en lui procurant les moyens de fonder et d'entretenir des bibliothèques et cercles militaires.

3° Que la liste des œuvres militaires publiée par le congrès de Nantes soit réimprimée immédiatement avec une circulaire explicative et envoyée à Messieurs les curés des diocèses de Cambrai et d'Arras.

Gratuité des chaises dans les églises. — L'assemblée demande que la gratuité des chaises dans les églises soit progressivement établie par les conseils de fabrique, la contribution obligatoire étant remplacée par des cotisations volontaires.

Funérailles des pauvres. — L'assemblée propose d'encourager la formation ou le développement des associations pour les derniers devoirs à rendre aux pauvres. Elles devront s'occuper, autant que cela sera nécessaire, 1° de la partie matérielle des funérailles ; 2° des messes et prières pour les âmes des défunts ; 3° de l'assistance aux funérailles et aux prières.

Recrutement des hommes d'œuvres. — L'assemblée générale émet le vœu que les Comités catholiques tâchent d'obtenir des chefs de maisons d'éducation qu'ils invitent les jeunes gens à prendre rang dans les conférences de Saint-Vincent-de-Paul et autres œuvres catholiques.

Maisons de famille. — L'assemblée, adoptant les conclusions d'un rapport qui recommande la création de maisons de famille pour les apprentis et les ouvriers, décide l'impression de ce rapport et son envoi aux commissions administratives des hospices des diocèses de Cambrai et d'Arras.

ŒUVRES DIVERSES

Œuvre du Dimanche. — Une circulaire sera imprimée par les soins du comité central et envoyée aux divers Comités catholiques pour les prier d'adhérer aux propositions suivantes :

1° Les membres des Comités s'engagent, autant qu'il leur sera possible, à ne plus vendre ni acheter, par eux-mêmes ou par d'autres, le saint jour du dimanche, même pour les choses dont la vente est tolérée par l'Eglise.

2° Ils n'accepteront jamais, lorsque cela dépendra d'eux, qu'une livraison d'objet quelconque leur soit faite le dimanche.

3° Ils s'abstiendront également de tout ce qui deviendrait pour d'autres une cause de violation du précepte dominical.

4° Ils s'efforceront de donner l'exemple de l'assistance aux offices paroissiaux.

5° Ils essaieront de faire cesser entre commerçants la concurrence du dimanche.

ENSEIGNEMENT

Université catholique. — 1° L'assemblée générale des Comités catholiques de la région du Nord réclame de nouveau et avec plus d'instance la liberté de l'enseignement supérieur, au nom du droit imprescriptible des pères de famille, au nom du droit sacré des pasteurs de l'Eglise à qui il a été dit : Allez et enseignez toutes les nations.

2° L'assemblée générale des Comités catholiques du Nord et du Pas-de-Calais décide que les écoles de hautes études devant servir de préparation à une Université catholique et se rapprochant, autant que possible, de ces universités seront dès maintenant fondées dans la région du Nord. Afin d'assurer la réalisation de ce projet et de traiter certaines questions de détails qui ne peuvent être discutées en séance générale, il y aura, aujourd'hui même, une réunion particulière formée des membres du bureau, des présidents des commissions de la réunion générale, de tous les présidents des comités locaux, du bureau de la commission d'enseignement et des chefs d'établissements d'éducation secondaire présents à la réunion générale.

Instruction primaire. — L'assemblée générale des Comités catholiques considérant que la condition du brevet imposée en 1868 aux instituteurs-adjoints par le Conseil municipal de Lille a eu pour effet de restreindre la liberté de l'enseignement tel que la loi de 1850 a entendu l'organiser ; qu'en outre elle a forcé les frères de la doctrine chrétienne à se retirer des écoles communales, en réduisant leur traitement à un chiffre dérisoire; qu'elle a ainsi privé les familles de la faculté d'exercer un libre choix entre les instituteurs congréganistes et les instituteurs laïques qui se sont trouvés investis du monopole de l'instruction primaire à Lille; que, par conséquent, une grave atteinte a été portée à la liberté des instituteurs et à celle des familles, double liberté que la loi de 1850 a eu pour but de sauvegarder ;

Considérant qu'il importe de revendiquer cette double liberté 1° pour les neuf écoles desservies par les frères et mises à la charge des familles d'ouvriers qui sont forcées de racheter leur libre choix ; 2o pour les nouvelles écoles à établir ;

Considérant qu'une pétition adressée à ce sujet, il y a plus de deux ans, au Conseil municipal de Lille et revêtue de plusieurs milliers de signatures n'a jamais reçu de réponse ;

Emet le vœu que cette pétition soit renouvelée et déposée entre les mains du Préfet du Nord.

Cette pétition concluerait ainsi : Les écoles primaires de garçons seront desservies, dans chaque quartier de la ville de Lille, aux frais du budget communal, partie par des instituteurs laïques, partie par des frères des congrégations religieuses. Les parents seront mis à même de choisir, en toute liberté et sous les seules restrictions de la loi de 1850, les instituteurs qui leur paraîtront les plus dignes de confiance.

PUBLICITÉ ET PRESSE

Société de Saint-Charles Borromée. — L'assemblée émet le vœu que les Comités catholiques propagent l'œuvre de Saint-Charles Borromée dans tous les lieux où existent des comités. Ces diverses agences auront leur autonomie, réuniront elles-mêmes leurs ressources, les dépenseront dans leurs circonscriptions et se tiendront en relations avec l'agence de Lille pour recevoir d'elle les publications à recommander et lui adresser les vieux papiers.

L'assemblée recommande tout spécialement la diffusion des *tracts*.

L'sssemblée émet également le vœu que les Comités catholiques, comme moyen de propagation des bons livres, fondent, indépendamment de l'œuvre de Saint-Charles et sous une administration indépendante et distincte, des *bibliothèques* contenant des ouvrages destinés à toutes les classes de la société.

Agence de publicité par le télégraphe. — L'assemblée déclare que l'organisation de cette agence appartient de droit au Comité de Paris, seul en position de mener à bien l'entreprise.

Colportage. — L'assemblée trouve qu'il n'est en son pouvoir d'indiquer aucun remède à opposer directement au mal. La loi fournissant à l'administration les moyens de répression, il faut souhaiter que le Gouvernement en use et appuie à cet égard sa conduite sur cette doctrine que le bien et le mal ne sauraient avoir les mêmes droits.

En ce qui concerne le profit à tirer du colportage pour la diffusion des bonnes doctrines, on pense que cette question se rattache essentiellement à l'organisation de la société de Saint-Charles Borromée.

Journaux. — L'assemblée émet le vœu :

1° Que les Comités se mettent en rapport avec les journaux catholiques de leur ressort dans le but de les aider de leur concours, de leurs renseignements et de leur suggérer les améliorations dont ils paraîtraient susceptibles.

2º Que les Comités catholiques travaillent activement à propager lesdits journaux et à en assurer le colportage.

3º Que les Comités aident par leur influence à la fondation de journaux sur lesquels ils puissent compter pour la défense des intérêts catholiques.

4º Que les Comités aident également par leur influence à la fondation d'un journal hebdomadaire spécialement destiné à la classe ouvrière des villes et des campagnes et paraissant le dimanche.

ORGANISATION

• **Comités.**— L'assemblée émet les vœux suivants :

1º Qu'une séance générale, comme celle de ce jour, réunisse une fois par année les membres de tous les Comités catholiques du Nord et du Pas-de-Calais.

2ª Que des réunions trimestrielles soient établies pour réunir à des époques plus fréquentes les présidents ou délégués de tous les comités.

3º Qu'on établisse des fêtes communes, que chaque Comité célébrerait dans sa localité en communion de prières avec les autres comités.

4º Qu'il y ait, dans chaque chef-lieu d'arrondissement et même pour chaque canton, un Comité catholique.

La réalisation de ces vœux est confiée aux soins des Comités existants.

Comités du contentieux. — Il serait désirable que des Comités du contentieux fussent établis savoir : un Comité par arrondissement correspondant directement avec tous les autres Comités ; et un Comité ou au moins un correspondant par chef-lieu de canton dans les campagnes, de telle sorte que, presque sans déplacement, tous les intéressés pourraient exposer leurs demandes ou leurs réclamations et recevoir rapidement une réponse.

Lille, imp. Lefebvre-Ducrocq.